Die Wilden von Papua

Zwei Erzählungen von
Emilio Salgari

Aus dem Italienischen von
Gerd Frank

Edition Dornbrunnen

Kleine Dornbrunnen Bibliothek

Übersetzung aus dem Italienischen von Gerd Frank
(I selvaggi della Papuasia; Mastro Cannone)

Korrekturen und Lektorat: Dirk Seliger PEGASAU

Die Deutsche Nationalbibliothek verzeichnet diese Publikation in der Deutschen Nationalbibliografie; detaillierte bibliografische Daten sind im Internet über
http://dnb.d-nb.de
abrufbar.

2020

ISBN 978-3-943275-44-5

Sven-R. Schulz, Dornbrunner Straße 16, 12437 Berlin
www.edition-dornbrunnen.de
Titelgestaltung: Sven-R. Schulz

Druck und Vertrieb: Book on Demand GmbH, Norderstedt
PNKDB4

Inhalt

Die Wilden von Papua[1]

Gegen Ende Juni 1864 war die holländische Brigg *Haarlem* vom Hafen Selangau[2] auf der Insel Mindanao[3] ausgelaufen, um Kurs nach Neuseeland zu nehmen. Sie führte eine Ladung Sago-Mehl[4] mit sich, einer extrem nahrhaften Substanz, die aus dem Mark eines in ganz West-Malaysia verbreiteten Baumes gewonnen wird. Es war ein schönes Schiff, das erst vor knapp einem Jahr an den Werften von Batavia[5] vom Stapel gelassen worden war. Es hatte feste Rippen, hohe Borde und Takelage – so wie es sich für Schiffe gehört, welche dazu bestimmt sind, den Pazifik zu befahren: gut ausgestattet und bestausgerüstet, mit einem Laderaum von dreihundert Tonnen.

An Bord befanden sich sechzehn Männer, eine eigentlich etwas zu große Besatzung für ein so kleines Schiff, die aber für diese gefährliche Art von Fahrten unentbehrlich waren. Es handelte sich um sechzehn Matrosen reinsten Wassers, die ihren Beruf und ihr Schiff liebten und deren Mut und Kraft schon wiederholt auf die Probe gestellt worden waren.

Das Kommando führten der Kapitän Wan Nordhom und sein Zweiter Offizier[6] Asten, zwei Ehrenmänner, die mehr Fahr-

---

[1] Die vorliegende Erzählung ist die erste veröffentliche literarische Arbeit Salgaris. Sie wurde im Jahr 1883 in vier Fortsetzungen in der Zeitschrift *La Valigia* abgedruckt. *(Anm. d. Hrsg.)*

[2] Eine zu Malaysia gehörende Stadt im sog. Selangau District auf Borneo. Warum sie von Salgari auf den Philippinen verortet wird, ist unklar. *(Anm. d. Lekt.)*

[3] Zweitgrößte Insel der Philippinen. *(Anm. d. Lekt.)*

[4] Ein aus der Echten Sagopalme *(Metroxylon sagu)* gewonnenes Stärkepulver. *(Anm. d. Lekt.)*

[5] Hauptstadt von Niederländisch-Indien und Hauptquartier der Holländischen Ostindien Kompanie an der Nordküste Javas; heute unter dem Namen Jakarta Hauptstadt Indonesiens *(Anm. d. Lekt.)*

[6] In der italienischen Handelsmarine der Offizier, der dem Kapitän rangmäßig folgt. *(Anm. d. Hrsg.)*

ten hinter sich gebracht hatten als sie Haare auf den Köpfen zählten. Sie hatten bereits dreimal Schiffbruch erlitten, wobei sie wie durch ein Wunder nicht von den Wellen verschlungen worden waren und vor allem stets den Zähnen der Kannibalen zu entgehen vermochten. Sie waren zwei Seebären, die im Gegensatz zu vielen anderen ihr Lebensalter liebten und es verstanden, dieses auch zu genießen.

Der eine schien für den anderen wie gemacht zu sein. Beide waren unter vierzig und stammten aus Enkhuizen in Holland. Sie waren reich genug, um nie in Eile zu sein, und die besten Kommandanten, die sich die Matrosen der Brigg[1] nur wünschen konnten. Sich immer in Sichtweite des Landes haltend, hatten sie niemals große Mühe, da und dort von Bord zu gehen, um sich mit frischen Lebensmitteln einzudecken. Stets waren sie mit Angeln oder Schlemmen beschäftigt, denn sie fanden immer einen Anlass, um auf die *Haarlem* oder auf Enkhuizen anzustoßen, und was waren das dann für Bankette!

Die beiden Kommandanten, zwei echte Genießer, verfügten stets über ein kleines Plätzchen an Bord, an dem sie ein großes, wohlgefülltes Fass mit spanischem Wein und ein weiteres Fässchen mit Rum gelagert hatten, der den Anspruch erhob, direkt aus Jamaika zu kommen. Darüber hinaus gab es einen hübschen Vorrat an Flaschen mit Rheinwein sowie eine reichhaltig gefüllte Speisekammer. Ganz zu schweigen von den Hühnern und Enten, die von morgens bis abends und von abends bis morgens unter den Schlingerbewegungen des Schiffes an Deck herumpurzelten.

Wie es hieß, hatte die *Haarlem* gegen Ende Juni bei gutem Nordnordwestwind die Segel gesetzt und mutig die Südroute eingeschlagen. Anfangs war die Navigation bei den Westwinden, welche den Planeten berührten, ziemlich stürmisch gewesen und wurde während der Fahrt durch den nicht zu »Stillen« Ozean etwas beeinträchtigt, aber allmählich hatte sich dann doch alles beruhigt und die *Haarlem* hatte bei vollen Segeln –

[1] Ein zweimastiges Schiff, mit voller Takelage. *(Anm. d. Hrsg.)*

ohne die Großbramsegel und die dreieckigen Zubehörsegel zu vergessen – mit nicht weniger als vier oder fünf Knoten[1] pro Stunde schnelle Fahrt aufgenommen, weshalb es sich die Besatzung und die beiden Kapitäne so bequem machten, dass sie sich eine gute Zeit mit Besäufnissen, netten Banketten und Mondscheinserenaden[2] gönnen konnten.

Am 3. Juli hatte das Schiff die Insel Meauges[3] bereits ein gutes Stück hinter sich gelassen, nachdem man vorher noch ein paar Stunden angehalten hatte, um ein halbes Dutzend kleine Schweine zu kaufen, von denen es in diesem Gebiet zahlreiche gibt, und sich außerdem mit einem reichlichen Vorrat an Obst eingedeckt.

Am 9. lag auch Salibabu[4] hinter ihnen und am 13. erreichte die *Haarlem* Morotai[5], eine wunderschöne Insel der Molukkengruppe, welche im äußersten Nordosten von Gilolo[6] liegt, um dort den Vorrat an Frischfleisch zu erneuern. Außerdem sollte die Ladung mit bestimmtem rotem Geschirr[7] vervollständigt werden, welches Kapitän Wan Nordhom mit großem Gewinn in Neuseeland verkaufen wollte.

Anschließend wurde die Fahrt bei gutem Wetter und ausreichend ruhigem Meer wieder aufgenommen, sodass man auch auf die Serenaden nicht verzichten musste. Die Geschwindigkeit reichte aus, um nach sieben Tagen unter dem 150. Meri-

---

[1] Ein Geschwindigkeitsmaß in der Seefahrt, das sich auf die Länge einer Seemeile (1852 Meter) bezieht. Dabei entspricht 1 Knoten der Geschwindigkeit, in der ein Schiff 1 Seemeile pro Stunde zurücklegt. Schafft es eine längere Strecke, fährt es mit mehr als nur 1 Knoten. *(Anm. d. Hersg.)*

[2] Serenaden (von italienisch *sereno* = heiter und *sera* = Abend) waren ursprünglich heitere Gesangsdarbietungen am Abend unter freiem Himmel, bevor sie durch die Wiener Klassik einen Bedeutungswandel erfuhren. *(Anm. d. Lekt.)*

[3] Gemeint ist vermutlich Miangas, die nördlichste Insel Sulawesis und der Talaud Inselgruppe. *(Anm. d. Lekt.)*

[4] Salgari schreibt »Salibado«; eine Insel der Talaud Inselgruppe in Indonesien. *(Anm. d. Lekt.)*

[5] Bei Salgari steht »Mortay«, es muss jedoch Morotai heißen. *(Anm. d. Übers.)*

[6] Der heutige Name lautet Halmahera. *(Anm. d. Übers.)*

[7] Vermutlich ist Tee-Keramik aus sog. »rotem Porzellan« gemeint. Das ist ziegelrotes Steingut aus der chinesischen Stadt Yixing, welches damals großen Anklang fand und in Europa in Manufakturen preiswert kopiert wurde. *(Anm. d. Lekt.)*

dian in Sichtweite von Papua oder Neuguinea zu gelangen. Dieser Name ging auf den Italiener Renzi[1] im Jahre 1826 zurück; es handelt sich um eine große Insel mit einer Fläche von 38 000 geometrischen Meilen[2]. Dies entspricht der Ausdehnung von Frankreich, Belgien und der Schweiz zusammen. Sie ist so gut wie unbekannt; die Einwohner sollen etwas zu ungesellig und zu wild sein. Außerdem sollen sie an bestimmten Bräuchen festhalten, etwa denen, die man Menschenfressern zuordnet.

Der Kapitän, der sie gelegentlich schon besucht hatte, war in Doré[3] und der Bucht von Geelvine[4] gelandet und plante, nach der erste Flaute trotz der Papuas entlang der Küste zu fahren, um sich mit den schmackhaften Früchten des Brotbaums[5] zu versorgen, welche den an Bord befindlichen Zwieback und das Sago-Brot ersetzen sollten. Außerdem konnte aus dem frischen Süßwasser eine große Menge von Kokosnüssen geerntet werden, nicht zu vergessen Bananen und die Früchte der Durian-[6] und Latanieri-Bäume[7], welche er besonders gerne mochte.

---

[1] Hier irrt Salgari, denn der Name Neuguinea stammt von dem spanischen Seefahrer Íñigo Ortiz de Retes, der sich 1545 beim Anblick der dortigen Küste an die des afrikanischen Guinea erinnert fühlte. *(Anm. d. Lekt.)*

[2] Quadratmeilen. *(Anm. d. Lekt.)*

[3] Dorf in Niederländisch-Neuguinea an der Geelvink-Bucht, andere Schreibweisen: Dore, Doreh. *(Anm. d. Lekt.)*

[4] Gemeint ist die Geelvinkbaai, eine Bucht bzw. ein Meerbusen an der Nordwest-Küste von Niederländisch-Neuguinea, an deren Westeingang der Hafen Doreh mit einer Missionsstation liegt. Heutiger Name: Cenderawasih-Bucht. *(Anm. d. Lekt.)*

[5] Vollständiger Name: Brotfruchtbaum (Artocarpus altilis); erreichte vor allem auch durch die Meuterei auf der Bounty einen gewissen Bekanntheitsgrad. *(Anm. d. Lekt.)*

[6] Salgari schreibt »Durion-«, was vom lateinischen Namen des Durianbaums *(Durio zibethinus)* abgeleitet ist und der auch Zibetbaum genannt wird. Seine stacheligen Früchte, Durian oder Zibetfrucht genannt, gaben dem Baum seinen Namen und finden als Obst Verwendung. *(Anm. d. Lekt.)*

[7] Die korrekte Bezeichnung lautet Latania, womit eine etwa drei Arten umfassende Palmengattung, die eigentlich nur auf den Westindischen Inseln vorkommt, gemeint ist. Allerdings leitet sich der Gattungsname Latania vom französischen *latanier* ab, was eine Trivialbezeichnung für viele verschiedene Palmenarten darstellt. Hier sind also in Indonesien beheimatete Palmbäume gemeint, vermutlich die Salakpalme *(Salacca zalacca)*, deren Früchte wegen ihrer schuppigen Schale heute auch Schlangenfrucht genannt werden. *(Anm. d. Lekt.)*

Vier Tage lang segelte die *Haarlem* in Sichtweite dieser nicht allzu gastfreundlichen Küste dahin; gelegentlich kam man auch an Dörfern vorbei, die auf Pfählen im Wasser errichtet waren, um ihre Bewohner vor Überraschungen durch die Alfuren[1], ihre Feinde, und wilde Tiere zu schützen. Überall wurden sie mit nicht gerade beruhigenden Rufen empfangen, die allerdings zum Glück nur aus der Ferne zu ihnen drangen.

Der Wind war weiterhin günstig und alles schien gut zu verlaufen, als am 22. desselben Monats ein Vorfall passierte, welcher für die arme Brigg und die gesamte Besatzung fatale Folgen haben sollte.

Der Namenstag von Kapitän Wan Nordhom stand bevor. Wie üblich wurde beschlossen, ein großes Fest zu feiern. Dieser Tag wird von den Holländern mit einem schönen Bankett, wozu großzügig Ströme spanischen Weins sowie ein Fass Rum und eine ganze Pyramide aus Flaschen mit Rheinwein getrunken werden, besonders feierlich begangen. Und natürlich endet das Ganze dann mit einer prächtigen Serenade.

Seit dem Morgen hatten die Matrosen, welche bereits den dampfenden Braten rochen, unter dem Kommando von Asten, dem Zweiten Offizier, daran gearbeitet, das Schiff, auf dem sie die beeindruckendsten Trinksprüche ausbringen wollten, entsprechend zu schmücken – zumal der Wind deutlich nachgelassen hatte und die Brigg weniger als zwei Meilen vor der vollständig unbewohnten Küste entlangfuhr. Beim gelegentlichen Stöbern in den Kisten hatten sie alte Bänder und farbige Leinwand, künstliche Blumen und rote Bänder herausgenommen. Sie hatten sie auf Webleinen[2] entlang der an den Wänden angebrachten Verstrebungen ausgebreitet, zusammen mit etwa zwanzig Laternen, welche in Ermangelung von Glas mit rotem, grü-

[1] Ethnische Bezeichnung aus dem Portugiesischen, die so viel wie »Waldmenschen« bedeutet. Dabei handelt es sich um eine Art Mischvolk papuanisch-malaiischer oder -polynesischer Herkunft auf den Inseln des Ostindischen Archipels und eben auch im Innern Neuguineas. *(Anm. d. Hrsg.)*

[2] Das sind Taue, die wie Leitersprossen quer über den Wanten befestigt werden. *(Anm. d. Hrsg.)*

nem und blauem Ölpapier versehen worden waren und die man zum Improvisieren von Beleuchtung verwenden wollte. Alle Fahnen mit Zeichen wurden zusammen mit der großen holländischen Flagge gegen Mittag an der Spitze des Großsegels angebracht und erzielten eine großartige Wirkung.

Der Kapitän, der mit diesen Vorbereitungen sehr zufrieden war, hatte sich nicht zurückgehalten und die Speisekammer geöffnet. Er hatte Töpfe und Pfannen mit Huhn, frischem Schweinefleisch, Fisch, Trockenfrüchten und improvisierten Pasteten hervorgeholt und ihnen so gut es ging die armseligsten Zutaten an Bord hinzugefügt, Salzfleisch hatte er missachtet. Nachdem man zwischen dem Fock- und dem Hauptmast einen großen Tisch vorbereitet hatte, hatte man in dessen Mitte ein großes Fass mit altem spanischem Wein aufgestellt und um zwei Uhr mit dem Mittagessen begonnen.

Dabei hatte man die nahezu unbeweglich unter der Sommerhitze treibende *Haarlem* ganz vergessen und mit einigen Flaschen Rum angefangen. Es ist unmöglich auszudrücken, welche Unmengen diese Seebären aßen und tranken, die einen derart kolossalen Hunger und Durst hatten, dass sie sich mit Gargantua[1] hätten vergleichen können. Es war bereits Abend, da saßen sie noch immer im Licht der zwanzig Laternen am Tisch und leerten unzählige Becher, wobei sie Wein und Schnaps mischten und auf den Kapitän und die *Haarlem* anstießen.

Sie schrien, brüllten und schwankten auf tausenderlei Art herum, während die sich selbst überlassene Brigg plötzlich heftig dahintrieb, ohne zu wissen wohin. Letztlich drohte sie, an den Klippen der Küste zu zerschellen.

Um Mitternacht blies der Wind, der bei Sonnenuntergang aufgekommen war, die Segel blähend, mit solcher Gewalt, dass das Meer anstieg und die Brigg mit Macht von Backbord nach Steuerbord trieb. Diese Windstöße, die Nähe zur Küste, welche plötzlich in der tiefen Dunkelheit auftauchte, und das Gebrüll

[1] Name eines Riesen in einem Roman von François Rabelais (um 1494 *oder* früher bis 1553). *(Anm. d. Hrsg.)*

des Meeres, das sich wütend an den Klippen brach, brachten die weniger Betrunkenen, unter denen auch Kapitän Wan Nordhom war, zur Besinnung. Er verließ eilig das Bankett, um das Segelwerk aufzuschnüren, und eilte dann zum Steuerrad, dessen Seil gerissen war und das gegen die Bordwände schlug.

Sie hatten die Vorbramsegel und auch das große Oberbramsegel noch nicht eingeholt, um das Segelwerk zu verringern, als auf der Steuerbordseite plötzlich ein außerordentlicher Lärm zu hören war und man glauben konnte, dass man an den Klippen zerschellt sei. Der beunruhigte Kapitän Wan Nordhom, der bereute, sich nicht entsprechend um die Brigg gekümmert zu haben, sprang mit einem Satz auf die Bordwand zu und beugte sich darüber, um vielleicht in der dichten Finsternis etwas zu erkennen. Aber außer einer größeren Ansammlung von Wolken, die den Himmel bedeckten, konnte er nichts wahrnehmen. Sonst sah Wan Nordhom nichts oder zumindest glaubte er, nichts zu sehen. Es schien ihm aber, als würde sich die Küste nur ein paar Kabellängen[1] vor dem Schiff abzeichnen.

Weil es ihm nicht angenehm war, ihr derart nahe zu sein, und er wusste, dass scharfe Klippen das Land umrahmten, fürchtete er sich vor diesen Berührungen, die sich als sehr bedrohlich erwiesen, und befahl deshalb, das Schiff auf Steuerbordseite wieder in die Windspur zu lotsen. Dieses Manöver wäre nicht schwer gewesen, trotz des heftigen Schlingerns. Aber die Matrosen, die das zu anderer Zeit in weniger als fünf Minuten geschafft hätten, waren ja betrunken und so zeigten sie sich erst nach einer halben Stunde und wütenden Flüchen dazu in der Lage. Diese Verzögerung war für die Brigg verhängnisvoll.

Jetzt ließ sich ein neuer Krach vernehmen, diesmal von der Backbordseite: Wellenschläge und ein Gebrüll ertönten, ein Lärm, der bei Brechern an Klippen erzeugt wird. Es gab keinen Zweifel, die Wellenbrecher, welche während des Festes durch das Ansteigen der Flut und die Strömung entstanden waren, setzten der Brigg arg zu.

---

[1] Nautisches Maß; entspricht dem zehnten Teil der Seemeile = 185 m. *(Anm. d. Hrsg.)*

Bestürzung machte sich unter den Betrunkenen breit, die sich verloren glaubten. Die *Haarlem* schlingerte fürchterlich in der Brandung zwischen einer Doppelreihe aus Klippen, deren geschwärzte Köpfe aus den Wellen auftauchten und um die herum das schäumende Wasser tobte. Der Kapitän, der trotz seiner Trunkenheit noch etwas Kaltblütigkeit bewahrt hatte, versuchte, das Schiff wieder hinaus auf die offene See zu bringen. Dabei trachtete er danach, eine zwischen den Felsen vorhandene Lücke zu passieren, schaffte es aber aufgrund der geringen Meerestiefe nicht. Außerdem verlor die Besatzung angesichts der drohenden Gefahr den Kopf und manövrierte vollständig konfus, da sie die Anordnungen nicht richtig verstand, indem sie sich an die Steuerbordseite statt an die Backbordseite begab. Und sie verwechselte das Großbramsegel mit dem Marssegel, wodurch sie die Sicherheit der Brigg, die von rechts nach links trieb, schaukelte oder schlingerte, noch mehr gefährdete. Schließlich drohte das Schiff, tatsächlich an den Klippen zu zerschellen, welche sich an Bug und Heck immer noch zu vermehren schienen.

Eine Stunde nach Mitternacht kämpfte die *Haarlem* noch immer mit den Brechern. Vergeblich fluchte der Kapitän, erteilte Befehle und schrie; der Zweite Offizier, der etwas weniger betrunken war als die anderen, unterstützte ihn, indem er mit aller Kraft beim Luven oder Drehen[1] des Schiffes half. Die Brandung wurde noch heftiger, die Riffe immer zahlreicher. Geheul, Prasseln, Gebrüll, ängstliche Befehle und Flüche mischten sich in immer der gleichen Tonlage.

Um zwei Uhr stieß die Brigg mit dem Rumpf[2] auf die Steuerbordseite und schmetterte dabei die Rahen des Hauptmastes gegen eine Klippe, sodass dieser wie eine Bleikugel aus einer Höhe von hundert Fuß auf das Meer plumpste. Es war ein Au-

---

[1] Genauer das Drehen des Schiffes in den Wind (Luv), um die Fahrt zu verlangsamen. *(Anm. d. Hrsg.)*

[2] Das italienische Wort *anca* heißt an sich »Hüfte«. Hier ist jedoch der Teil des Rumpfes gemeint, bei dem die Seite die größte Krümmung an Bug und Heck aufweist. *(Anm. d. Hrsg.)*

genblick schrecklicher Angst, aber glücklicherweise riss ihn ein Windstoß von dort wieder weg und schob ihn vor sich her.

So verbrachten sie eine halbe Stunde zwischen den Brechern, wobei die Männer hier und da nach einem Ausweg suchten, dann wiederholte sich der Vorfall ein zweites und ein drittes Mal, bis sie von einer Welle emporgehoben wurden. Schließlich passierte es noch ein viertes Mal, was noch schlimmer war als die ersten drei Male.

Der Aufprall war so heftig, dass die Besatzung an Deck umgeworfen wurde und das Bugspriet zerbrach. Die Ladung verlagerte sich derart stark, dass sich die *Haarlem* unter der Macht der Wellen auf die Backbordseite legte, sodass man glauben konnte, alles sei umgekippt und das Wasser dränge von einem Ende zum anderen auf das Deck herein.

Die Verwirrung an Bord war auf dem Höhepunkt angelangt. Noch immer halb betrunken und erschrocken über die Schräglage sowie über die Wellen, die nun über die Bordwände schlugen, und dem Bersten der Takelage, die, wie es aussah, das Deck ruiniert hatte, begannen die Matrosen damit, vollständig verstört hin und her zu laufen. Sie drängten sich um die zwei Rettungsboote und versuchten, diese zu Wasser zu lassen, was bei dieser Dunkelheit und einer derartigen Brandung vollständig unmöglich war.

Zum Glück waren die beiden Kommandanten da. Indem sie die einen drohend und fluchend zurückdrängten und die anderen niederschlugen, gelang es ihnen, die allgemeine Verwirrung, welche das Leben von allen gefährdete, wenigstens etwas zu besänftigen. Die *Haarlem* war gestrandet, schien sich aber trotz allem – ungeachtet der Gewalt des Aufpralls – an den Flanken für Wasserwege noch nicht geöffnet zu haben; es konnte immer noch möglich sein, sie wieder über Wasser und in ihre alte Lage zu bringen.

Es ist nicht zu beschreiben, wie die Unglücklichen den Rest der Nacht verbrachten. Das Meer hörte keinen einzigen Augenblick auf, von Steuerbord her das Deck zu überfluten, wobei die wütenden Wellen die Wände durchbrachen.

Trotz allem war die Brigg, die auf einer Sandbank gestrandet war, nicht kaputtgegangen, wie man auf den ersten Blick hätte glauben können. Sie war nur beschädigt, und so blieb die Hoffnung, dass am Morgen mit Hilfe der Winde und einem anderen Anker auf der Steuerbordseite das Schiff wieder manövrierfähig gemacht werden konnte.

Man war also alarmiert, hatte Angst, sonst aber war weiter nichts. Als die Nachwirkungen der Trunkenheit bei der Besatzung allmählich abklangen, wurde sie mit neuem Mut beseelt. In den ersten Morgenstunden war jegliche Angst verschwunden, zumindest die vor einem bevorstehenden Schiffbruch.

Der Kapitän beeilte sich, die Ladung zu untersuchen und Position und Situation des Schiffes genauestens zu bestimmen. Die *Haarlem* war auf einem sandigen Ufer, das etwa tausend Schritte von der Küste entfernt lag, auf Grund gelaufen. Gegenüber befand sich ein Flüsschen, das von allen Seiten von Felsen umgeben war, welche sich vielfältig kronenartig ausbreiteten. Es schien nicht so, als wäre alles verloren: Mit etwas Geduld und der Hilfe einer Ankerwinde bestand dank der Flut die Aussicht auf Rettung, wenn man auch auf Backbordseite einige Anker ausgeworfen und sich eines Teils der Ladung entledigt hatte.

Nach der Untersuchung der Küste, die bewaldet, aber unbewohnt zu sein schien, erteilte der Kapitän Befehl, sofort mit der Arbeit zu beginnen, konnte jedoch nicht verbergen, etwas Angst vor der Nähe dieser Insel zu haben, die alles andere als gastfreundlich zu sein schien.

Die beruhigte Besatzung verlor keinen Augenblick. Sie fing munter an, das Ausladen vorzunehmen, indem eine Luke geöffnet und das Sago-Mehl ins Meer geschüttet wurde. Dies war eine ermüdende Arbeit, wenn man bedenkt, dass sie unter sengender Hitze verrichtet werden musste; doch niemand wagte es, sich zu beklagen. Offiziere und Matrosen arbeiteten in gegenseitigem Einvernehmen und bald schon konnte man glauben, dass es gelingen könnte, die *Haarlem* wieder flott zu kriegen, als gegen zehn Uhr morgens der zweite Schiffsjunge, der bis zum Korb des Hauptmastes geklettert war, um das Großbramsegel einzuholen, eine Flottille von sechs Einbäumen signalisierte, die das Flüsschen herabkamen und auf die Brigg zusteuerten.

Ein solcher Besuch konnte nur gefährlich sein, da man die Kühnheit dieser Küstenvölker und ihre abscheulichen Instinkte kannte, weshalb angesichts dieser Neuigkeit jeder sofort mit dem Vorgang des Ausladens aufhörte und damit begann, sich auf jedwede Überraschung vorzubereiten. Kapitän Wan Nordhom war der Ansicht, dass es sinnvoll sei, ernsthafte Maßnahmen zu ergreifen, indem er die Waffenkammer öffnen ließ, um Musketen, Säbel, Beile und Messer zu ergreifen, welche glücklicherweise im Überfluss vorhanden waren. Daneben gab es auch noch ein Pulverfass und einen ausreichenden Vorrat an Kugeln.

Sie waren damit noch nicht ganz fertig, als die Flottille bereits in Sichtweite kam. Wie der Zweite Schiffsjunge gesagt hatte, bestand sie aus sechs Einbäumen, die aus den Stämmen langer Bäume geschnitten und wohl ziemlich schwer waren. Hier und da trugen sie grobe Skulpturen und waren mit zahlreichen Paddeln ausgestattet. Etwa sechzig Eingeborene saßen darin; sie hatten flache Gesichter, vorspringende Wangenknochen, große Münder, dicke Lippen wie Schwarze, platte Nasen und eine dunkelbraune Haut.

Sie trugen praktisch keine Kleidung außer den *kotekas*[1] oder Eichelkappen, welche aus Seegras gefertigt und mit leuchtenden Farben bemalt waren. Außerdem waren sie mit Paradiesvogelfedern, Halsketten aus Wildschweinzähnen, Kupferringen, Armbändern, Muscheln, Schildkrötenpanzern und langen, seltsamen Kämmen geschmückt, die sie in ihr üppiges Haar gesteckt hatten.

Beim Anblick des gestrandeten Schiffes schienen sie ihren Eifer zu verdoppeln und mehr als einer von ihnen zog mit einer Geste, die alles andere als beruhigend wirkte, sein Messer, das dort *parang* genannt wird, seinen Speer oder sein Kupferschwert.

---

[1] Das sind Penisköcher. *(Anm. d. Übers.)*

Ihre Anzahl, ihre heiseren Schreie, das Krakeelen, das Waffengeklirr und die Wut, mit der sie herandrängten, waren geeignet, Kapitän Wan Nordhom, der bereits von den Scharmützeln und der Tapferkeit der Papuas gehört hatte, ernsthaft zu beunruhigen. Aber aus Angst, dass es noch schlimmer werden könnte, wenn man sie mit Gewehrsalven empfing, begnügte er sich damit, seinen Leuten Wachsamkeit zu empfehlen und sie auf der Steuerbordseite entlang der Bordwände zu verteilen. Dies waren die Stellen, an denen aufgrund der Schräglage der Brigg am leichtesten ein Aufstieg an Deck erfolgen konnte.

Die Flottille brauchte nicht lange, um anzukommen. Anfangs begnügten sich die sechzig oder auch siebzig Krieger damit, ihre Bögen, Pfeile, Messer, Schwerter und Lanzen zu schwingen, zu schreien und sich dabei immer mehr zu ereifern. Sie umrundeten das Schiff immer wieder und hatten keinerlei Angst vor der Besatzung, welche versuchte, sie mit ihren Musketen fernzuhalten. Dann aber fühlten sie sich durch das nutzlose Geschrei der Weißen ermutigt und wurden kühner.

Ein paar wütende Schüsse der Matrosen, denen ein paar Pfeile folgten, führten dazu, dass sie sich auf der Steuerbordseite des Schiffes versammelten und furchtlos versuchten, dieses dort zu erklimmen. Der Kapitän riskierte einen Schuss mit der Muskete, was einen der Anführer kopfüber fallen ließ, aber es war bereits zu spät. Statt erschrocken zu sein, entwickelten die Wilden immer mehr Mut. Sie kletterten die Wanten hoch, griffen nach den Heckbrettern[1] und unterstützten sich gegenseitig mit Wolken von Pfeilen und einem Hagel von Schleudergeschossen, während sie fürchterlich schrien, mit den Zähnen knirschten, die Waffen schwenkten und in kürzester Zeit waren trotz der erbitterten Gegenwehr der Besatzung, die sich mit Beil- und Gewehrhieben verteidigte, sechzig Krieger an Bord der *Haarlem*, bereit, ein Blutbad unter der Besatzung anzurichten.

---

[1] Bei alten Galeeren waren das Bretter am Querende des Hecks, die für Ruhepausen des Kapitäns und der Ruderer dienten. *(Anm. d. Übers.)*

Diese war inzwischen auf dreizehn Mann geschrumpft und wurde von Kapitän Wan Nordhom angeführt, der sich ans Heck zurückgezogen hatte und von dort eine Bresche schlagen wollte, um sich in die Boote zu retten.

Ein gewaltiges Geschrei war zu hören, dem die Detonationen der Gewehre folgten und die donnernden Stimmen der beiden Kommandanten, die mit dem Säbel in der Rechten und der Pistole in der Linken riefen:

»Vorwärts, zum Donnerwetter! Drauf auf sie mit den Beilen! Fasst Mut, bei Gott! Fasst Mut!«

Die Matrosen stürzten sich mit verzweifeltem Schwung in die brüllende Masse der Papuas, welche sie mit ihren Lanzenspitzen und *parang*-Stichen empfingen. Die ersten von ihnen stürzten aufgeschlitzt zu Boden, die anderen aber sprangen vorwärts, wobei sie Beilhiebe nach rechts und links austeilten und wie eine ganze Legion von Dämonen heulten. Sie spalteten die wolligen Köpfe, aus denen das Gehirn mit Strömen von Blut spritzte, schlitzten Brüste auf, zerteilten Arme, verstümmelten Beine, stießen ihre Waffen in die blutigen Haufen und zielten mit den Pistolen auf die Gesichter der wütendsten Gegner; dabei stürzten sie, erhoben sich wieder und machten sich durch gegenseitige Rufe Mut.

Es wurde ein Blutbad daraus.

Beide Seiten – sowohl die der Weißen als auch die der Papuas – bekämpften sich mit der gleichen Wut und erstickten mit ihrem Geschrei die verzweifelten Beschwörungen der Sterbenden, klammerten sich aneinander und versuchten, einander umzuwerfen. Dabei benutzten sie ihre Zähne, Fäuste und Nägel und als sich diese Waffen als nutzlos erwiesen, schwankten sie je nach Angriff hin und her und trampelten schrecklich auf den Verwundeten herum, die mit letzter Kraft danach trachteten, den Feinden die Beine abzuschlagen.

Der Kampf entwickelte sich in kurzer Zeit schrecklich und aufs Schlimmste für die Weißen: Der Zweite Offizier Asten fiel mit gespaltenem Kopf durch den Hieb mit einem *parang*, der Maat durch einen Keulenschlag mit zerschmettertem Schädel.

Zwei Mann rechts und drei links wurden mit Lanzenstichen aufgeschlitzt. Es war nicht mehr möglich, sich zu halten. Zwar töteten sie viele Angreifer, doch immer wieder wurden die Gefallenen durch wie Tiger brüllende und verzweifelte Schläge austeilende Männer ersetzt. Die Matrosen verteidigten sich mit Beilen, Messern und Bajonetten, um ihr Leben teuer zu verkaufen, doch sie fielen einer nach dem anderen.

Kapitän Wan Nordhom, der geradezu Wunder an Tapferkeit vollbracht und für zwei gekämpft hatte, hatte sich von der Welle der Kämpfer abgesetzt und auf das Achterdeck zurückgezogen. Er war von drei Papuas umgeben, die ihn dort bedrängten und ihm mit Stichen ihrer *parangs* zusetzten. Mit einem Säbel zum Entern und einer Pistole versehen, stellte er fest, dass der Kampf entschieden war und es keine Möglichkeit gab, sich zu verbergen oder das Weite zu suchen, denn außer ihm selbst waren nur noch drei seiner Männer zu sehen. So nahm er all seine Kräfte zusammen und stürzte sich erneut auf die brüllenden Krieger. Er spaltete dem ersten die Kehle, gab mit der Pistole einen Schuss auf den zweiten ab, der die Beine in die Hand nahm und zur Brücke sprang und erhielt einen Lanzenstich, der ihm leicht die Gesichtshaut ritzte. Dann stieß er die Klinge seines Messers gut zehn Zoll in den Bauch des dritten.

Der Letzte war noch nicht gefallen, als er auch schon in die Kabine stürzte, während die Seinen fast überall unter den Eisen der Wilden niedergestreckt wurden.

Er hatte keine Ahnung, wie er die Luke schließen konnte, und glaubte bereits, dass auch er verloren sei, und so bereitete er sich schon auf eine verzweifelte Verteidigung vor, als ihm blitzartig ein Gedanke kam. Schnell und voller Wut hob er die Falltür zu einem Abstellraum hoch, die gerade groß genug war, ihn durchzulassen.

Der Raum war dazu bestimmt, Kartoffeln und Zwiebeln aufzunehmen, und so nutzte er die Gelegenheit, sich darin zu verstecken. Er hatte noch immer ein paar Pistolen bei sich, die er gegebenenfalls benutzen konnte.

Er war gerade dabei, sich in dem Abstellraum bestmöglich

einzurichten, als er hörte, wie die Wilden ebenfalls herunterstiegen, wobei sie in den Kabinen lärmten, die Deckel der Kisten anhoben und Kleidungsstücke herausnahmen, damit wollten sie bei ihrer Rückkehr sicherlich guten Eindruck machen. Außerdem brachen sie Fässer und Fässchen auf, zogen Schubläden auf und häuften Gold und Silber auf. Sie zerbrachen Dosen und Flaschen und stürzten gierig Öl, Weine und Schnäpse hinunter, wobei sie gewiss nicht ahnten, dass sich der Kapitän in ihrer Nähe befand.

Die Beklemmung, die Befürchtungen und die Angst des armen Wan Nordhom, der zusammengekauert in seinem dunklen Versteck saß, sind nicht zu beschreiben. Er zitterte geradezu vor Angst, entdeckt zu werden. Von all den Schnäpsen, die es auf ihn regnete, weil die Rüpel unter den Trunkenbolden jede Menge davon verschütteten, war er bereits nahezu erstickt und vollständig verbeult.

Er hörte, wie sie direkt über seinem Kopf auf den Tischen mit den Füßen trampelten, um sie zu zerstören, hörte, wie sie schrien, die Spirituosen verschütteten, alles zerstörten und zerbrachen und plünderten. Sie verstreuten Zeitungen, Rechnungen, Federn, Tintenfässer, Kompasse und Lebensmittel; dann rumpelten die Plünderer brüllend in den Laderaum und zeigten mit sinnlosem Geschrei ihre Freude über den Anblick von so viel Sago-Mehl und vor allem des guten Eisens an, das sie als Werkzeug für ihre Scharmützel verwenden mochten.

Die Qual dauerte bis zum Einbruch der Dunkelheit, ohne dass er es gewagt hätte, sich zu bewegen. Er hatte den Atem angehalten, bis all die Schreie allmählich schwächer geworden waren und schließlich ganz aufgehört hatten. Der unglückliche Kapitän Wan Nordhom wusste nicht, was geschehen war und hatte sich anfangs nicht getraut, die Falltür hochzuheben, aber als er sich vergewissert hatte, dass absolute Stille an Bord herrschte und nur noch das monotone Schlagen der Wellen an die Seitenwände des Schiffes zu hören war, beschloss er, sein Versteck zu verlassen und die Flucht zu ergreifen, bevor sie letztlich doch kämen und ihn aufstöberten.

Er bewaffnete sich mit einer Pistole, versah sich mit einem Beil und tappte dann ganz leise bis zur Brücke, wo er stehenblieb und nur mit Mühe einen Fluch unterdrückte.

Am Bug wachten dümmlich und schläfrig rund um ein Feuer sechs oder sieben betrunkene Wilde, die sich nur mit Mühe an ihren Speeren festhielten, und überall herum saßen die anderen Papuas, die nicht weniger betrunken waren. Sie hatten sich mit Fleisch vollgestopft und zwar – es ist widerwärtig, das zu sagen – mit Menschenfleisch. Die einen lagen über den anderen, hatten sich völlig konfus miteinander verkeilt, sogar mit den Leichen, die in dem geronnenen Blut trieben. Sie lagen inmitten von abgenagten und entleerten Menschenköpfen, zerbrochenen Armen, blutenden oder verkohlten Beinen, Oberschenkelknochen, Därmen, Lungen, angehäuften oder zersplitterten Rippen und zerbrochenen oder abgenagten Knochen – den Resten eines abscheulichen Banketts.

Dies war alles, was von der unglücklichen Besatzung der *Haarlem* übriggeblieben war.

Der entsetzte Kapitän Wan Nordhom konnte nur mit Mühe seinen Zorn und seine Abscheu zurückhalten, um nicht zu den Waffen zu greifen. Also glitt er entlang der Bordwände und nutzte die Dunkelheit aus, um in eines der an der Seite des Schiffes treibenden Rettungsboote zu steigen, das mit einem Mast, Segeln und Rudern ausgestattet und mit allen Gütern Gottes versehen war, welche die Wilden erwartet hatten, als sie aufgetaucht waren.

Er besaß etwas Proviant und der Wind war günstig; so verließ er, nachdem er das Gaffelsegel[1] gesetzt hatte, das unglückliche Schiff und entfernte sich nach Norden zu. Er war glücklich, gerade noch entkommen zu sein.

Am nächsten Tag hatte er die *Haarlem* und die abscheulichen Reste seiner Besatzung endgültig aus den Augen verloren

[1] Ein trapezförmiges Segel, das zwischen Mast, Baum und Gaffel (ein in der Längsrichtung des Schiffes achtern am Mast angebrachtes Rundholz zum Ausbringen und Befestigen des Gaffelsegels) ausgebracht wird. *(Anm. d. Hrsg.)*

und segelte nach Nordosten, um die Vaigiu[1]-Inseln oder Salviati[2] zu erreichen, die einzigen Orte, welche ihm Schutz bieten konnten.

Er fuhr einen Monat lang ganz allein dahin, kämpfte mit übermenschlicher Energie und sah sich gezwungen, den einzigen Wind zu nutzen, zudem Tag und Nacht wachzubleiben, bis er endlich eine Insel sehen durfte, von der er glaubte, dass es Misory[3] sei, die an der Mündung der Bucht von Geelvine liegt. Doch er traute sich nur für ein paar Stunden, an Land zu gehen.

Wieder setzte er unerschrocken die Fahrt fort. Und sieben Tage danach, nachdem er wohl zwanzigmal Stürmen, Felsen und Haien entgangen war, erreichte der erschöpfte, von Hunger und Durst Geplagte die ersehnten Vaigiu-Inseln.

Außerdem hatte er das Glück, dort ein holländisches Schiff zu finden, das mit dem *trepang*-Fischfang[4] beschäftigt war, dessen Matrosen ihn mit offenen Armen empfingen und versuchten, alles zu tun, um ihm wieder zu den alten Kräften zu verhelfen

Er blieb bis zum Ende der Fischfangperiode auf der Insel und erreichte dann – nachdem er an Bord des Schiffes gegangen war – nach einer seiner glücklichsten Fahrten gesund, wohlbehalten und vollständig wiederhergestellt Batavia.

Heute hat Kapitän Wan Nordhom das Meer für immer verlassen und ist, dank der erhaltenen Versicherungsgelder, reich an Vermögen. Er lebt in einer großen an den Ufern des Tijiliwong[5] gelegenen Farm und beschäftigt sich ausschließlich mit

---

[1] Gemeint ist Waigeo, eine sich vor der Nordwestküste der Doberai- oder Vogelkopf-Halbinsel Westneuguineas erstreckende Inselgruppe. *(Anm. d. Lekt.)*

[2] Gemeint ist Salawati, eine Insel, die zum Archipel von Raja Ampat gehört, welches zwischen Waigeo und der Doberai-Halbinsel liegt. *(Anm. d. Lekt.)*

[3] Gemeint sind die Misore-Inseln, eine Inselgruppe, die heute allgemein als Schouten-Inseln bekannt sind. *(Anm. d. Lekt.)*

[4] Abgekochte, dann getrocknete und gedörrte oder geräucherte Seegurken, namentlich Arten von Holothuria, die von den asiatischen und Südseeinseln nach China eingeführt werden und dort als Aphrodisiakum gelten. *(Anm. d. Hrsg.)*

[5] Salgari meint den Ciliwung (niederländisch: Tjiliwoeng), einen Fluss auf der Insel

seinen Kaffeeplantagen, die ihn jeden Tag noch reicher machen.

Java, der unter anderem durch die indonesische Hauptstadt Jakarta (früher Batavia) fließt. Auf Java hatten die Holländer bereits Ende des 17. Jahrhunderts mit dem Kaffeeanbau begonnen. *(Anm. d. Lekt.)*

Meister Cannone[1]

Gewiss haben Sie Meister Cannone nicht gekannt und vielleicht haben Sie auch noch nie gehört, dass sich jemand an ihn erinnert hat: Trotzdem war er der Stolz der Handelsmarine auf der Adria.

Venedig, Ancona, Bari, Brindisi und sogar Tarent stritten sich um die Ehre, seine Geburtsstadt zu sein, aber ich glaube, dass er nicht einmal ein Italiener war, denn er wies alle Merkmale der starken Männer des Nordens auf.

Wenn er gefragt wurde, wo er geboren worden war, zuckte er nur mit den Schultern, senkte seinen Löwenkopf, schüttelte seine dichten, verblichenen blonden Haare, die er gern so lang wie ein Cowboy von der mexikanischen Grenze trug und verfiel dann in tiefes Schweigen. Niemals war es gelungen, ihm ein Wort zu entlocken, weder durch das Versprechen auf Alkoholgenuss noch auf Zigarren. Doch er rauchte und er trank, so wie es Seeleute nun einmal tun.

Ob er nun ein Nordländer oder ein Italiener war, ich kann Ihnen jedenfalls sagen, dass er ein größeres Mannsbild darstellte als der Waffenschmied unseres Königs, mit einem Stiernacken und derartigen Armen, dass sie wie mit Muskeln gespickte Äste eines Baumes aussahen.

Ein Fass Zucker auf die Schultern zu nehmen, eine Eisenstange zu verbiegen, einen mittleren Anker zu tragen und eine Kanone wie ein einfaches Gewehr zu heben, waren Kleinigkeiten für ihn.

Da er stark wie zwei Bullen war, reagierte er auch etwas ge-

---

[1] Der Name lässt sich mit Kanone, Geschützdonner oder Kanonenkugel übersetzen und steht hier für einen überaus kräftigen und impulsiven Mann, der also redensartlich schnell »explodiert« oder auch schon mal mit dem »Kopf durch die Wand geht«. *(Anm. d. Hrsg.)*

walttätig, wenn sich ihm eine Fliege auf die Nase setzte: Deshalb ging neben unserer Bewunderung auch tiefer Respekt einher und wir bemühten uns, ihn nicht zu verärgern.

Aber was für eine gewaltige Hilfe bedeutete er auch für uns, besonders während der Stürme! Das Steuerruder war ein Spielzeug in seinen Händen und selbst wenn die Wellen gegen ihn prallten, blieb es unter seinem kraftvollen Händedruck steif und fest.

Funktionierte irgendein Segel nicht, wenn eine dieser Böen hereinplatzte, welche die gesamte Takelage eines Schiffes gefährden können? Knacks, ein Hieb mit dem Beil des Riesen … und schon fiel nicht nur das Segel allein, sondern gleich auch der ganze Fahnenmast! …

Jetzt möchte ich Ihnen aber von einem außergewöhnlichen Abenteuer erzählen, das dieser Herkules erlebt hat, als er sich auf unserem *Risoluto* einschiffte, weil er schon immer den Wunsch verspürt hatte, die Küsten Südamerikas zu besuchen. Aber raten Sie mal, warum das so war! Wahrscheinlich wollte er seine Stärke gegenüber den riesenhaften Patagoniern[1] der Pampas[2] erproben, von deren Wildheit und außergewöhnlicher Robustheit er schon mehrmals gehört hatte.

Ein solcher Vorfall musste ihm Gelegenheit geben, sich seinen Wunsch zu erfüllen und gleichzeitig auch Einblick in den unbezwingbaren Mut der wilden Söhne jener grenzenlosen Grasebenen verschaffen.

Wir hatten in Callao, dem wichtigsten Handelshafen Chiles – denn er ist der Lieferant von Valparaiso und Santiago – eine Ladung aufgenommen und mussten dann längere Zeit erst der westlichen und dann der östlichen Küste Patagoniens folgen.

---

[1] Sammelbegriff für die südamerikanischen Indianerstämme, der so viel bedeutet wie »Großfüßer«. Diese Bezeichnung rührt von der übergroßen Fußbekleidung der ohnehin ungewöhnlich großen indigenen Völker der Pampas her. *(Anm. d. Lekt.)*

[2] Das Wort stammt aus einer Sprache der Ureinwohner aus dem Andenraum, bedeutet »Ebene« oder »Feld« und bezeichnet eine subtropische Grassteppe im Südosten Südamerikas. Man verwendet sowohl die Mehrzahl »Pampas« als auch die Einzahl »Pampa«. *(Anm. d. Lekt.)*

Den Südatlantik hatten wir in ausgezeichneter Verfassung überquert, wobei wir stets durch frische Ost- und Nordwinde und absolut außergewöhnliche Geschwindigkeit begünstigt waren. Da verdunkelte sich, etwa 150 Meilen von der Küste Patagoniens entfernt, der Himmel, das Meer begann zu beben und gewaltige Windböen, der Pampero[1] der Pampas, wurden mit unglaublicher Wut entfesselt.

Wir liefen Gefahr, in die Mitte des Atlantiks zurückgestoßen zu werden.

Im Rahmen einer Beratung unserer Lage wurde beschlossen, alles in unserer Macht Stehende zu versuchen, um uns an irgendeiner der Buchten an der Küste in Sicherheit zu bringen, bevor sich die Gewalt des Hurrikans noch verdoppelte.

Wir hatten die Gegend von Gallegos[2] vor uns, die durch die Mündung des gleichnamigen Flusses gebildet wurde, welche aufgrund ihrer Tiefe sicher war. Indem wir den Wind so weit wie möglich nutzten und in langen Zickzacklinien[3] fuhren, nahmen wir Kurs auf unseren Zufluchtsort.

Das Meer gebärdete sich allmählich immer schrecklicher. Die Umgebung der äußersten Spitze Südamerikas, die von den Winden Patagoniens und Feuerlands gepeitscht wird, ist leider wegen der dortigen hohen Wellen berüchtigt.

Es gibt keinen Ort auf der Welt, an dem die Brecher so wütend sind, nicht einmal am Kap der Guten Hoffnung.

Sie überfielen uns mit einer solchen Wut, dass sie sogar über die Bordwände schwappten und wir manchmal nicht wussten, ob das Schiff noch weiter segelte oder bereits in den Abgründen des Atlantiks versank.

Erst gegen Abend, nach vierzehnstündigem verzweifeltem Kampf, versenkten wir die Anker in der Bucht direkt innerhalb

---

[1] Stürmischer Südwestwind in den argentinischen Pampas, der kalte, trockene Luft aus Patagonien in die Pampas bringt. *(Anm. d. Übers.)*

[2] Gemeint ist eine regionale Hauptstadt im Süden Argentiniens, die exakt denselben Namen trägt wie der Fluss, an dessen Mündung sie liegt. Ihr vollständiger Name lautet Río Gallegos. *(Anm. d. Lekt.)*

[3] Auf diese Weise empfängt das Schiff den Wind immer von derselben Seite. *(Anm. d. Übers.)*

des Rio Gallegos und mit gespaltenem Bugspriet auf der Höhe der Dolfiniera[1].

Die Nacht war sehr schlimm, denn der Pampero hörte keinen einzigen Augenblick auf zu blasen, was uns zu ständiger Wachsamkeit zwang.

Am Morgen jedoch klarte sich das Wetter auf und auch das Meer fing an, sich zu beruhigen.

Nachdem das Bugspriet repariert werden musste, wurde beschlossen, diesen Halt zu nutzen, um unseren Wasservorrat, der unter der starken Hitze der Äquatorialzone gelitten hatte, zu erneuern.

Ein mit sechs bewaffneten Matrosen, die wir unter den mutigsten ausgewählt hatten, besetztes Rettungsboot wurde der Leitung von Meister Cannone anvertraut, dem wir zuvor noch empfohlen hatten, die Patagonier in Ruhe zu lassen, falls er ihnen begegnen sollte.

Es waren zwei Stunden verstrichen, dass das Boot in den Gallegos gefahren war, um oberhalb der eindringenden Flut Wasser zu beschaffen, und wir wollten uns gerade zum Essen an den Tisch setzen, als aus der Richtung des Flusses ein Schuss ertönte. Er musste von Meister Cannone abgefeuert worden sein: Dies war zumindest unser erster Gedanke.

Auf diesen ersten Schuss hin folgten einige weitere; dann sahen wir, dass das Rettungsboot mit voller Kraft in die Richtung der Bucht gerudert kam, dabei jedoch von einem gewaltigen Steinhagel getroffen wurde, nämlich patagonischen Bolas[2],

---

[1] Auch Delfiniera genannt. Ein Netz unter dem Bugspriet, das als Stütze und Sicherheit für Vorwärtssegler dient. *(Anm. d. Übers.)*

[2] Die Bola (spanisch *Kugel*) ist eine Wurfwaffe, die von den Inuit, den Tschuktschen sowie den südamerikanischen Jägern benutzt wird. Auch die Rinderhirten Argentiniens setzten sie zum Einfangen entlaufener Rinder ein. Drei Gewichte, heute üblicherweise Metallkugeln, sind am jeweiligen Ende von drei am anderen Ende miteinander verbundenen Riemen befestigt. Wenn eine geworfene Bola auf ihr Ziel trifft, umwickelt sie dieses und macht es bewegungsunfähig. Hier ist jedoch eine sogenannte Bola Perdida (= *verlorene Kugel*) gemeint. Das ist ein von einer herkömmlichen Steinschleuder abgefeuerter Stein, die übliche Waffe der Ureinwohner Patagoniens. *(Anm. d. Übers. u. d. Lekt.)*

die man von den Büschen und dem Dickicht am Flussufer aus geschleudert hatte.

Sofort bemerkten wir, dass die Besatzung nicht mehr vollständig war, sondern ein Mann fehlte: Meister Cannone.

Dieser Schelm musste – entgegen unseren Ratschlägen – etwas getan haben, das den Zorn der Patagonier hervorgerufen hatte. Denn die zeigen sich zumindest in unserer Zeit nach den vielen bitteren Erfahrungen, die sie mit argentinischen Truppen gemacht hatten, gegenüber Neuankömmlingen, die an ihren Küsten landeten, eigentlich recht gastfreundlich.

Kaum befanden sich die Matrosen, mehr oder weniger verletzt, an Bord, als wir sie auch schon umringten, um zu erfahren, was geschehen war.

Wir hatten uns nicht getäuscht: Meister Cannone hatte in ein Wespennest gestochen.

Während die Matrosen das Wasser beschafft hatten, waren einige Patagonier aufgetaucht und hatten angeboten, ihnen ein kürzlich getötetes Guanako[1] zu verkaufen. Aber Meister Cannone war verärgert, weil er glaubte, dass sie zu viel verlangt hätten. Er hatte mit der Faust auf sie eingeschlagen und dann ohne Vorwarnung das Feuer auf sie eröffnet und einige verletzt.

Die fuchsteufelswild gewordenen Patagonier hatten sich mit Speeren und Bolas auf ihn gestürzt und der Riese, dem der Weg abgeschnitten worden war, war – von zwei Dutzend Indios verfolgt – in den Wald geflohen.

Nachdem die Matrosen des Rettungsboots vergeblich gefeuert hatten und mit einem Sturm aus Steinen und Eisenkugeln eingedeckt worden waren, hatten sie den Riesen sich selbst überlassen, um zu entkommen.

Nun wurde sofort darüber beraten, was zu tun sei. Schließlich konnten wir den Riesen nicht der Gnade oder Ungnade der stolzen Bewohner der Pampas überlassen.

Trotz seiner herkulischen Stärke und seines außerordentlichen Mutes wäre er gewiss ein Opfer von Bolawürfen gewor-

[1] Wildform des Lamas. *(Anm. d. Lekt.)*

den, welche die Patagonier mit nahezu mathematischer Präzision zu schleudern verstehen.

Sofort wurde daher eine Expedition zusammengestellt, die versuchen sollte, diesen rasenden Teufelskerl zu retten.

Das große Beiboot wurde bewaffnet und mit Signalkanonen und einem zehnläufigen Schnellfeuergewehr[1] versehen und dann fuhren wir zu zehnt in die Gallegos-Bucht hinein, nachdem wir sechs Männer zur Bewachung der *Risoluto* zurückgelassen hatten, um Meister Cannone tot oder lebendig zu finden.

Zwei Meilen von der Mündung entfernt, versuchte uns eine kleine Gruppe von Patagoniern aufzuhalten, indem sie uns mit einem Hagel von Bolawürfen empfingen. Aber eine Salve aus unserer Gewehrkanone, die wir in die Büsche sandten, hinter denen sie sich verborgen hatten, veranlasste sie, schneller als die Hasen zu fliehen.

Nachdem wir drei Männer zur Bewachung des Beiboots zurückgelassen hatten, drangen wir entschlossen in den Wald ein, dessen südländische Eichen sehr dick waren, und folgten den Indios.

Ein Matrose des ersten Unternehmens, der sich die Richtung gemerkt hatte, in welcher der Meister geflohen war, diente uns als Führer.

Wir hatten bereits eine halbe Meile zurückgelegt, als ein Schuss an unsere Ohren drang, dem sogleich furchterregendes Stimmengewirr folgte.

Es musste Meister Cannone gewesen sein, der diesen Schuss abgegeben hatte, denn die Patagonier verfügten zu jener Zeit nicht über Schusswaffen. Wir beschleunigten unser Tempo und erreichten bald darauf eine riesige Ebene, in deren Mitte sich eine jener riesigen Pflanzen befand, die man Ombu[2] nennt und die für sich allein schon einen kleinen Wald bildete.

Um den gigantischen Baumstamm, den zwanzig Männer

[1] Gemeint ist sicher ein Gatling Gun, eine frühe Form eines Maschinengewehrs. *(Anm. d. Hrsg.)*

[2] Ombubaum *(Phytolacca dioica)*, deutsch: Zweihäusige Kermesbeere. *(Anm. d. Hrsg.)*

kaum umfassen konnten, rannten zwei Dutzend Patagonier wie die Verrückten herum, die furchterregend mit Weiß, Blau und Schwarz bemalt waren. Sie schrien schrecklich und schleuderten Bolas mitten in die gewaltige Masse der Äste. Es waren schreckliche Kugeln, die den Schädel des Menschen, auf den sie trafen, zweifellos sofort zertrümmern konnten.

Es dauerte nicht lange, bis wir begriffen, dass der verteufelte Meister Cannone, wohl weil er sich als verloren betrachtete, Zuflucht in den Ästen des riesigen Ombu gesucht hatte.

Wir gaben zwei Salven ab, eine in die Luft und die andere etwa in Mannshöhe.

Als die Patagonier die Kugeln zischen hörten, sprangen sie auf ihre Pferde, die in ihrer Nähe angepflockt waren, und ritten hektisch davon, ohne sich auf einen Kampf einzulassen. Sie hatten wohl eine weitaus größere Anzahl hinter uns vermutet, da diese mutigen und sehr starken Indios nur selten vor Feinden fliehen.

Kurz darauf weilte Meister Cannone wieder unter uns. Er war sehr niedergeschlagen, weil er sich wie ein kleiner Vogel unter einem Baum hatte fangen lassen, wo er doch damit geprahlt hatte, fähig zu sein, alle Indios Patagoniens mit Faustschlägen niederzustrecken.

»Ich habe mir einige Rippen gebrochen«, sagte er, während wir schnell zum Fluss zurückkehrten, aus Angst davor, verfolgt zu werden. »Leider waren die Männer zu stark …«

Von diesem Tag an hörten wir ihn nicht mehr über die Patagonier reden. Als das Bugspriet am nächsten Tag repariert worden war, verließen wir ungestört die Bucht und setzten unsere Reise nach Kap Hoorn fort.

Nachwort

Die Legende besagt, dass Emilio Salgari (1862–1911) schon von frühster Jugend an davon träumte, eines Tages als Kapitän für große Fahrt über die Meere zu streifen und ferne Länder und exotische Völker kennenzulernen. Ausgangspunkt dieses Traums war seine reichhaltige Lektüre von zeitgenössischer Abenteuerliteratur, die er seit seiner Kindheit nahezu verschlang. Einer seiner Favoriten war der französische Schriftsteller Jules Verne (1828–1905), dessen Werk er sich zeitlebens verbunden fühlte und dem er in seinen eigenen Texten vielfach nachzueifern versuchte. Doch bevor er selber zur Feder griff, widmete er sich der Erfüllung seines Traums.

Um diesen in die Tat umzusetzen, siedelte er als junger Mann von Verona nach Venedig über, wo seine Tante lebte, bei der er zunächst unterkam. Dort schrieb er sich beim Königlichen Institut für Technik und Seefahrt ein, um später eine Offizierslaufbahn auf hoher See einschlagen zu können. Doch seine schulischen Leistungen erwiesen sich eher als mittelmäßig und kaum dazu geeignet, das ersehnte Patent zu erhalten. Und so fiel er denn beim Examen auch durch und stand mit leeren Händen da. Außer im Fach Italienisch, in dem er tatsächlich übermäßig gute Leistungen erzielte, hatte er in allen anderen Zweigen versagt.

Trotzdem wollte Salgari seinen Traum noch nicht begraben. Er heuerte als Schiffsjunge auf einem kleinen Segler an, der die Adria zwischen Venedig und Brindisi befuhr. Doch schon auf der ersten Fahrt bemerkte er, dass ihm die Seefahrt absolut nicht bekam und ihm das Seemannsleben auch sonst nicht so zusagte, wie er es erhofft hatte. Zwischen der ersehnten Romantik und der Wirklichkeit klaffte eine gewaltige Lücke, und so ergriff er schon die erstbeste Gelegenheit, um wieder abzuheuern und 1883 zu seiner Familie nach Verona zurückzukehren.

Aber obwohl sich sein Seemannsleben letztendlich auf diese kurze Episode beschränkte, hinderte es Salgari doch nicht daran, sich später als erfahrenen Seemann zu vermarkten, der die halbe Welt gesehen hatte, und sich von anderen Leuten vornehmlich mit »Kapitän« anreden zu lassen. Damit erinnert er wohl ein bisschen an den deutschen Erfolgsautor Karl May (1842–1912), mit dem er im deutschsprachigen Raum so gerne verglichen wird, weshalb man ihn hierzulande oft auch den »italienischen Karl May« nennt, obwohl Salgaris Geschichten häufig denen seines Vorbilds Jules Verne nacheifern, weshalb man ihn in Italien und Frankreich auch eher als den „italienischen Jules Verne« bezeichnet[1].

Zurück in der Heimat wusste der junge Salgari nicht, womit er künftig seinen Lebensunterhalt verdienen konnte. Wie er selbst leidvoll erfahren musste, lag ihm nichts von dem, was er gerne getan hätte. Aber dann erinnerte er sich daran, mit welcher Begeisterung er abenteuerliche Geschichten las und wie gut ihm das Fach Italienisch gefallen hatte. Warum sollte er nicht versuchen, sein Geld mit dem Schreiben zu verdienen? Also setzte er sich an seinen Schreibtisch und versuchte sich als Schriftsteller. Das Ergebnis war eine kurze Abenteuererzählung, die er noch im selben Jahr – also 1883 – an die auf diese Art von Literatur spezialisierte Zeitschrift *La Valiga* schickte, wo sie tatsächlich in vier Fortsetzungen unter dem Titel *I selvaggi della Papuasia* abgedruckt wurde und die in der vorliegenden Publikation nun auch zum ersten Mal unter dem Titel *Die Wilden von Papua* in deutscher Sprache vorliegt.

Diese erste Veröffentlichung bescherte Salgari sogleich einen Achtungserfolg, dem sofort Anfragen nach weiteren Texten folgten. So wandte sich die ähnlich gelagerte Zeitschrift *La*

[1] Dennoch gibt es tatsächlich noch einen weiteren Verknüpfungspunkt zwischen Salgari und May. Im Jahr 1899 veröffentlichte Salgari nämlich unter dem Pseudonym A. Permini, mit dem Roman *Il figlio del cacciatore d'orsi* ein Plagiat von Karl Mays Jugenderzählung *Der Sohn des Bärenjägers*.

Nuova Arena an ihn und erbat sich eine ähnlich exotische Erzählung, die er noch im gleichen Jahr lieferte. Es handelte sich um die Erzählung *Tay-See*, die er später – 1897 – für eine Neuausgabe in Buchform gründlich überarbeitete und dann unter dem Titel *La Rosa del Dong Giang* (dt. *Die Rose vom Dong-Giang*[1]) veröffentlichte. Ebenfalls noch im gleichen Jahr erschien dort auch die erste Fassung des Romans, der ihn dann in ganz Italien bekannt machen sollte: *Le tigri di Mompracem* (dt. *Die Tiger von Mompracem*). 1884 folgte dann *La favorita del Mahdi*[2], der erste seiner Abenteuerromane, der dann 1887 auch in Buchform verlegt wurde.

Diese unerwarteten Erfolge bewogen zwei Jahre später das Konkurrenzblatt *L'Arena* dazu, Salgari abzuwerben und gleichzeitig auch noch als festen Redakteur an sich zu binden. Schon bald darauf erschien der Roman *Gli strangolatori del Gange*, der später in der Buchausgabe den Titel *I misteri della jungla nera* (dt. *Die Geheimnisse des Schwarzen Dschungels*) erhielt und nachträglich die Vorgeschichte zu *Le tigri di Mompracem* erzählt. Dieser bildet heute den Auftakt des mehrbändigen Romanzyklus' um den malaiischen Piraten Sandokan.

Im Jahr 1890 lernte Salgari die Laienschauspielerin Ida Peruzzi kennen, die er am 20.01.1892 heiratete. 1893 wurde er erstmals Vater. Seine Tochter benannte er nach einer Heldin aus seinen Büchern, Fatima.

Die Folgejahre machten den jungen Autor sehr flexibel. Um seinem jeweils aktuellen Verleger stets möglichst nahe zu sein, ließ er sich nacheinander in verschiedenen italienischen Städten nieder. Er bekleidete verschiedene Redaktionsposten und schrieb dabei wie am Fließband. 1897 bot ihm der in Genua ansässige Verlag Donath einen Vierjahresvertrag an, den Salgari

[1] Emilio Salgari, *Die Rose vom Dong-Giang* in: *Dornbrunnen Taschenschmöker* Bd. 13, Edition Dornbrunnen – Verlag Sven-R. Schulz Berlin, 2015.

[2] Der Roman liegt zurzeit noch nicht in einer deutschsprachigen Veröffentlichung vor. Es existiert allerdings eine bisher unpublizierte Übersetzung von Gerd Frank unter dem Titel *Die Geliebte des Mahdi*, die dieser ursprünglich für die geplante Werkausgabe von Thomas Pietsch angefertigt hat, deren Fortführung nach einem ersten Band allerdings nicht gesichert ist.

freudig annahm, da er sich nun etwas Ruhe in seinem Leben erhoffte. 1898 zog er mit seiner Familie nach Genua, wo er schon bald seinen wohl erfolgreichsten Roman *Il corsaro nero* (dt. *Der schwarze Korsar*) verfasste. Bereits 1900 ließ er sich in Turin nieder. 1906 löste er einseitig den Vertrag zu Donath und schloss einen anderen mit dem Verlag Bemporad in Florenz ab. Bald darauf bemerkte er, dass seine Frau erste Anzeichen einer Geisteskrankheit zeigte. Das Arbeiten unter diesen Umständen fiel ihm schwer, so dass er 1909 einen ersten Selbstmordversuch unternahm. Er wollte sich in die Klinge seines Degens stürzen, glitt aber ab und verletzte sich nur leicht. Nach seiner Genesung stürzte er sich wieder eifrig in seine Arbeit, die ihm nur noch schwer von der Hand ging. Dazu kam, dass die Sehkraft seiner Augen allmählich nachließ und er Schwierigkeiten bekam, seine eigene Schrift lesen zu können. Nachdem 1911 seine Frau in ein Irrenhaus eingeliefert werden musste, verfasste Salgari am 25.04.1911 zwei Abschiedsbriefe. Bei einem anschließenden Spaziergang tötete er sich unterwegs mit seinem Rasiermesser.

Emilio Salgari hinterließ ein reichhaltiges Werk von etwa 90 Romanen und wenigstens noch einmal so vielen Kurzerzählungen.

Der vorliegende Band hier vereinigt nun zwei seiner kürzeren Erzählungen, die beide bisher noch nicht in deutscher Sprache vorlagen: neben der schon erwähnten Debüt-Erzählung *Die Wilden von Papua* die etwa dreizehn Jahre jüngere Geschichte um den *Meister Cannone*, die mit der ersten durchaus einige Ähnlichkeiten aufweist und deshalb vom Verlag ausgewählt wurde.

In beiden Texten schildert Salgari das unerwünschte Zusammentreffen von Matrosen eines Handelsschiffes mit Eingeborenen. Doch während die Seeleute in *Meister Cannone* dabei mit noch weniger als einem blauen Auge davonkommen, haben ihre Kameraden in *Die Wilden von Papua* nicht so viel Glück. Dabei beginnt die ältere der beiden Geschichten ausgesprochen idyllisch; fast sogar ein wenig komödienhaft. Wir erleben eine Mannschaft, die fast die meiste Zeit ihres Dienstes damit zuzubringen scheint, den lukullischsten Genüssen zu frönen, und ihr Kapitän sorgt mit großer Fürsorge dafür, dass es ihnen an nichts mangelt und immer genügend Nachschub vorhanden ist. Doch dann ganz plötzlich sehen sie sich einem Sturm ausgesetzt, der ihr Leben bedroht, zum Glück dann aber nur das Schiff beschädigt. Aber das ist nur der Auftakt in dieser Erzählung, die, betrachtet man ihren geringen Umfang, sich nun als Nächstes zu einer der wohl gewalttätigsten und blutigsten Geschichten Salgaris entwickelt. Und als ob das nicht genug wäre, setzt der Autor am Ende noch eine Szene drauf, die dem »zivilisierten« Leser einen zusätzlichen Schauer über den Rücken jagt.

In beiden Erzählungen folgt die Zeichnung der Eingeborenen den damaligen Klischees von ungebildeten und blutrünstigen »Wilden«, die keinerlei Kultur kennen. Besonders die von Salgari gewählten Papuas und Patagonier hatten in der Abenteuerliteratur des 19. und frühen 20. Jahrhunderts ein ausgesprochen schlechtes Image. Und der Autor kostet diesen ausgesprochen miesen Ruf dieser beiden Völkerschaften in einer Weise aus, die heute zu Recht alles andere als politisch korrekt gilt.

Doch ist das ein Grund dafür, solche alten Geschichten deshalb heute nicht mehr zu verlegen?

Das ist eine Frage, die wohl jeder für sich persönlich beantworten muss.

Wer diese Art von alter Unterhaltungsliteratur mag, wird wohl gnädig darüber hinwegsehen. Und wer solche Schilderungen ablehnt, wird vermutlich eh nur selten in solche Werke der klassischen Abenteuerliteratur hineinschauen. Auf jeden Fall ist wohl damit zu rechnen, dass zumindest die wenigen Leser, die Emilio Salgaris Werke heute noch lesen und mögen, sich darüber freuen werden, dass mit der vorliegenden Publikation nun zwei weitere Texte auch in deutscher Sprache vorliegen.